SEBASTIÃO OLIVEIRA DA SILVA JÚNIOR

O PODER DA EXECUÇÃO

Como a Tecnologia e a Liderança Transformam Projetos em Sucesso

Sebastião Oliveria da Silva Júnior

O PODER DA EXECUÇÃO:
COMO A TECNOLOGIA E A LIDERANÇA TRANSFORMAM PROJETOS EM SUCESSO

Coordenação editorial:
Gilson Mello

Projeto gráfico:
Flórida Business Academy

Correção, revisão e copidesque:
Fabiana Mello

Direção Geral:
Gilson Mello

Todos os direitos reservados e protegidos pela Lei nº 9.610, de 19/02/1998.

É expressamente proibida a reprodução total ou parcial deste livro, por quaisquer meios (eletrônicos, mecânicos, fotográficos, gravação e outros), sem prévia autorização por escrito da editora.

Primeira edição 2024

Dados Internacionais de Catalogação na Publicação (CIP)
Oliveira da Silva Júnior, Sebastião
O poder da execução:
Como a tecnologia e a liderança transformam projetos em sucesso
Sebastião Oliveira da Silva Júnior; Manaus-AM: Flórida Business Academy Negócios, 2024.
122 p.
ISBN: 9798344774749
1. Negócios 2. Tecnologia. 3. Liderança

Sumário

Prefácio -- 5

Introdução --- 11

Capítulo 1:

O Desafio da Inovação no Setor Público ---------------------- 17

Capítulo 2:

Transformação Digital como Ferramenta Estratégica --- 27

Capítulo 3:

Liderança Adaptativa em Projetos de TI ----------------------- 37

Capítulo 4:

Automação de Processos e Redução de Custos --------- 47

Capítulo 5:

Superando a Resistência à Mudança ------------------------- 57

Capítulo 6:

Gerenciamento de Riscos em Projetos Tecnológicos ---- 67

Capítulo 7:

Metodologias Ágeis como Ferramenta de Execução --- 77

Capítulo 8:

Monitoramento e Avaliação de Projetos ---------------------- 87

Capítulo 9:

A Influência da Comunicação na Execução de Projetos -- 97

Capítulo 10:

Criando uma Cultura de Inovação e Excelência -------- 107

Conclusão --- 117

Prefácio

Sebastião Oliveria da Silva Júnior

Escrevo este livro com o propósito de compartilhar as experiências e os conhecimentos que adquiri ao longo de mais de uma década de trabalho dedicado à gerência de projetos e à tecnologia da informação, especialmente no contexto do setor público brasileiro. Acredito que a combinação de tecnologia e liderança é uma força poderosa capaz de transformar ideias em realizações tangíveis e de promover inovações que impactam diretamente a qualidade dos serviços prestados à sociedade.

Ao longo da minha trajetória, tive o privilégio de liderar projetos que se destacaram pela inovação e pela busca contínua de resultados práticos e eficazes. Em minha atuação no Tribunal de Justiça do Estado do Pará (TJPA), pude observar e contribuir para uma transformação digital que não apenas facilitou o trabalho interno, mas também elevou o nível de atendimento ao público. Cada projeto que gerenciamos e implementamos foi pensado com a finalidade de otimizar processos, reduzir custos e melhorar a produtividade em áreas críticas. Essas mudanças exigiram não apenas habilidades técnicas, mas uma liderança orientada à adaptação, ao engajamento da equipe e à superação de obstáculos.

O propósito deste livro é fornecer um guia prático para aqueles que, como eu, veem a tecnologia como uma ferramenta para transformar a execução de projetos. Acredito que as estratégias aqui discutidas podem ser aplicadas em qualquer setor e que a liderança é o fator que determina o sucesso de qualquer iniciativa, seja no setor público ou privado. Através de exemplos, técnicas e práticas comprovadas, quero que você, leitor, possa aplicar esses ensinamentos de maneira eficaz, maximizando o impacto dos seus projetos.

Este livro reflete, portanto, não só a minha experiência no TJPA, onde conduzi processos de digitalização, automação e gestão de equipes multidisciplinares, mas também uma visão sobre o futuro dos projetos em uma era digital. Acredito que a execução eficaz é um diferencial essencial e que, com a liderança certa e o uso inteligente da tecnologia, podemos transformar a realidade das organizações e entregar resultados extraordinários.

Convido você a explorar essas ideias e a aplicá-las em seu próprio contexto, enfrentando os desafios com coragem e otimizando seus projetos com eficiência e inovação. Vamos juntos transformar cada ideia em ação e cada projeto em sucesso.

Sebastião Oliveira da Silva Júnior

Introdução

Sebastião Oliveria da Silva Júnior

Vivemos em um tempo em que a capacidade de transformar ideias em ações práticas é mais valiosa do que nunca. A tecnologia tem desempenhado um papel essencial nesse processo, oferecendo ferramentas e soluções que otimizam o trabalho, reduzem o tempo de execução e ampliam o alcance dos resultados. No entanto, percebi ao longo dos anos que a tecnologia, por si só, não é suficiente. A verdadeira transformação ocorre quando liderança e tecnologia se unem em uma execução estratégica, alinhando a inovação com objetivos claros e uma direção eficaz.

A era digital trouxe uma série de novos desafios para a gerência de projetos. Entre esses desafios, destaco a necessidade de adaptação contínua, a complexidade crescente das operações e, especialmente, a resistência às mudanças que surgem quando se implementam novas tecnologias. No setor público, onde grande parte da minha experiência se desenvolveu, esses desafios são acentuados por estruturas muitas vezes rígidas e processos tradicionais. Acredito que, ao entender como a tecnologia pode ser integrada com liderança, podemos não apenas superar essas barreiras, mas também criar ambientes de trabalho mais eficientes e satisfatórios para todos os envolvidos.

Ao escrever este livro, meu objetivo é compartilhar as estratégias que têm me ajudado a enfrentar esses desafios e a obter resultados concretos. Quero oferecer uma visão prática, aplicável em qualquer setor, sobre como executar projetos de forma eficiente e inteligente, com foco em maximizar o impacto de cada etapa do processo.

A tecnologia oferece as ferramentas e a velocidade necessárias para alcançar resultados significativos, mas é a liderança que define como e onde essas ferramentas serão usadas. Este livro foi estruturado para que você, leitor, possa aplicar essas ideias em seu contexto específico, compreendendo como unir planejamento, tecnologia e liderança na execução de seus projetos. Em cada capítulo, exploraremos os obstáculos comuns que surgem na implementação de inovações e as melhores maneiras de superá-los, com soluções práticas e estratégias de liderança.

Minha experiência mostrou que a execução eficaz é um diferencial poderoso e que cada projeto realizado com eficiência pode ser uma oportunidade de aprendizado e de transformação. Espero que este livro o inspire a liderar com propósito e a executar projetos com o máximo de precisão e visão estratégica. Afinal, transformar ideias em resultados não é apenas uma meta, mas o verdadeiro objetivo da liderança na era digital.

Capítulo 1

O Desafio da Inovação no Setor Público

Sebastião Oliveria da Silva Júnior

Ainovação no setor público é um tema que desperta tanto interesse quanto resistência. Apesar dos benefícios claros que a tecnologia pode trazer, o processo de implementação de inovações encontra uma série de obstáculos específicos desse setor. Os maiores desafios enfrentados são, sem dúvida, a resistência à mudança e as limitações orçamentárias. No entanto, com estratégias bem definidas, é possível superar essas barreiras e trazer os avanços tecnológicos que a gestão pública tanto precisa.

O setor público brasileiro, assim como em muitos outros países, costuma operar em uma estrutura tradicional, onde a cultura organizacional, frequentemente enraizada em processos rígidos, muitas vezes impede que a inovação avance. A resistência à mudança é uma reação comum em ambientes de trabalho que passaram décadas utilizando métodos convencionais. A introdução de novas tecnologias pode ser vista como uma ameaça para muitos, especialmente para aqueles que não estão familiarizados com o uso diário de soluções digitais e automatizadas. Essa resistência, somada à falta de um orçamento flexível e contínuo, torna a inovação no setor público um processo complexo.

No entanto, acredito que a inovação é possível e essencial para melhorar a qualidade e a eficiência dos serviços oferecidos ao público. Abaixo, apresento cinco pontos práticos para superar esses desafios, baseados na minha experiência e nas boas práticas observadas no setor.

Identificar as Necessidades Institucionais e Priorizar os Projetos de Maior Impacto

O primeiro passo para inovar é entender as necessidades específicas da instituição e, a partir disso, identificar quais projetos trarão o maior impacto. No setor público, onde os recursos são muitas vezes limitados, é essencial que cada investimento em tecnologia seja cuidadosamente planejado. Fazer um mapeamento das necessidades permite visualizar os pontos críticos que precisam de melhorias urgentes e quais soluções tecnológicas podem atender a essas demandas.

Por exemplo, na implementação de projetos de digitalização, é crucial avaliar quais setores se beneficiariam mais dessa mudança. No Tribunal de Justiça, por exemplo, a digitalização dos processos judiciais trouxe um ganho significativo em produtividade e agilidade no atendimento ao público. Portanto, ao priorizar os projetos com potencial para transformar significativamente os serviços oferecidos, é possível justificar melhor o investimento e obter um retorno mais rápido e palpável.

Engajar a Equipe Desde o Início para Reduzir a Resistência e Facilitar a Adaptação

A resistência à mudança é um dos principais obstáculos na introdução de inovações tecnológicas. Por isso, é importante engajar a equipe desde o início do processo de implementação. Envolver os colaboradores e permitir que eles participem das decisões e escolhas tecnológicas ajuda a construir um sentimento de pertencimento e responsabilidade. Quando a equipe entende os benefícios que a nova tecnologia trará, a aceitação aumenta consideravelmente.

Uma prática eficiente é realizar reuniões e workshops para apresentar a tecnologia e mostrar exemplos práticos de como ela facilitará o trabalho diário. A introdução de novos sistemas não deve ser feita de forma abrupta; deve ser um processo gradual, onde o treinamento e o suporte contínuo ajudam a reduzir o medo do desconhecido e a insegurança em relação ao uso da tecnologia.

Estabelecer um Plano de Orçamento Gradual para a Implementação de Tecnologias

Diferente do setor privado, onde o orçamento para inovações pode ser mais flexível, o setor público lida com restrições e aprovações rigorosas. Por isso, ao propor um projeto de inovação, é importante estabelecer um plano de orçamento gradual, onde o custo de implementação seja distribuído ao longo de um período viável para a instituição. Essa abordagem permite uma implementação faseada, onde a tecnologia pode ser introduzida por partes, testada e ajustada conforme necessário, evitando o gasto excessivo em um único momento.

Esse plano também facilita a obtenção de aprovações, uma vez que um orçamento gradual oferece menos riscos financeiros. Um exemplo seria a implementação de um sistema de gerenciamento de documentos. A fase inicial pode envolver apenas o mapeamento e digitalização de arquivos principais, deixando as próximas fases para otimizar setores adicionais.

Apresentar Evidências de Sucesso de Outras Instituições para Obter Apoio

A busca por inovação no setor público frequentemente encontra apoio quando há exemplos de sucesso em outras instituições. Ao apresentar evidências e estudos de caso de como uma tecnologia específica trouxe melhorias reais e mensuráveis em outra organização, o processo de aprovação se torna mais fácil. Comparações concretas fornecem uma base sólida para argumentar a favor da inovação e ajudam a reduzir a insegurança em relação ao retorno do investimento.

Estudos de caso podem ser apresentados em relatórios e durante reuniões estratégicas, destacando não apenas os benefícios da inovação, mas também os desafios enfrentados e as estratégias para superá-los. Essa prática oferece uma visão mais completa e prática de como a tecnologia pode ser aplicada no próprio contexto institucional, gerando confiança e credibilidade.

Desenvolver Políticas de Incentivo para Estimular a Aceitação de Novas Tecnologias

Para que uma inovação seja bem-sucedida, é essencial que exista uma política de incentivo que motive os funcionários a abraçarem a mudança. Essa política pode incluir desde recompensas por desempenho até oportunidades de treinamento e desenvolvimento profissional voltadas para o uso das novas ferramentas. Ao implementar políticas de incentivo, o setor público pode criar um ambiente favorável à inovação, onde os colaboradores sentem que sua participação é valorizada e recompensada.

Por exemplo, em projetos de digitalização, criar uma política onde os funcionários que mais se adaptarem à tecnologia tenham mais oportunidades de crescimento pode ser um grande motivador. Outro incentivo pode ser a oferta de cursos e certificações que permitam o aprimoramento das habilidades tecnológicas da equipe. Esse investimento em capital humano não só acelera a aceitação da inovação, mas também eleva o nível de competência e eficiência dentro da instituição.

Inovar no setor público pode ser desafiador, mas é possível e necessário. A criação de um ambiente que favoreça a aceitação de novas tecnologias e um planejamento orçamentário estratégico são passos essenciais para transformar a realidade da administração pública. Com um esforço contínuo para entender as necessidades institucionais, envolver a equipe e desenvolver políticas que incentivem a mudança, é viável construir um setor público mais eficiente, moderno e preparado para os desafios do futuro.

Este capítulo mostrou que, mesmo em condições de orçamento limitado e com resistência cultural, a inovação no setor público pode trazer avanços significativos. Ao aplicar essas estratégias de forma prática e estruturada, gestores e líderes podem promover uma transformação sustentável e garantir que a tecnologia trabalhe em favor de uma administração pública de excelência.

Capítulo 2

Transformação Digital como Ferramenta Estratégica

A transformação digital tem sido, cada vez mais, uma prioridade para empresas que buscam modernizar suas operações e manter-se competitivas. No entanto, muitas organizações ainda falham ao tentar implementar essa transformação de maneira eficaz, principalmente por não alinharem o uso da tecnologia com os objetivos estratégicos do negócio. Sem esse alinhamento, a tecnologia acaba se tornando um custo adicional em vez de uma ferramenta de crescimento e inovação. Neste capítulo, vamos explorar como a transformação digital pode ser uma verdadeira ferramenta estratégica, quando orientada por metas claras e integrada à visão e aos objetivos da empresa.

Durante minha experiência na gestão de projetos de TI, compreendi que a tecnologia precisa estar alinhada a um propósito maior para que seus resultados sejam efetivos e sustentáveis. Transformar digitalmente uma organização não se resume a adotar novas ferramentas ou softwares; é necessário direcionar esses recursos tecnológicos para atender aos objetivos e desafios específicos do negócio. Essa é uma abordagem que permite não apenas otimizar processos, mas também potencializar a entrega de valor ao cliente final e ao público-alvo da organização.

Estabelecer Metas Claras para a Transformação Digital

O primeiro passo para que a transformação digital se torne estratégica é estabelecer metas claras e mensuráveis. Essas metas devem estar diretamente ligadas aos objetivos gerais da empresa e precisam ser específicas para que a transformação digital tenha uma direção bem definida. Perguntas como "O que queremos melhorar com essa transformação?" e "Qual é o impacto esperado para a organização?" ajudam a identificar os pontos de foco da transformação digital.

Por exemplo, se o objetivo é reduzir o tempo de resposta ao cliente em 30% ou aumentar a eficiência interna, a tecnologia deve ser implementada para atender a essas metas específicas. Metas claras facilitam o monitoramento do progresso e permitem ajustes durante o processo de transformação. Quando todos têm uma visão clara dos objetivos, a transformação digital deixa de ser um conceito abstrato e passa a ser uma iniciativa concreta, guiada por metas que fazem sentido para todos os envolvidos.

Integrar a Tecnologia aos Objetivos de Negócios para Garantir que a TI Seja um Aliado Estratégico

Para que a transformação digital seja uma ferramenta estratégica, a Tecnologia da Informação (TI) precisa ser vista como uma parte essencial da estrutura organizacional e não apenas como um setor de suporte. A integração entre TI e os objetivos de negócios é crucial para garantir que a tecnologia apoie e potencialize o crescimento da empresa. Quando a TI é incluída no processo de tomada de decisão estratégica, os projetos de transformação digital podem ser direcionados para onde a empresa realmente precisa de suporte, aumentando sua eficácia e alinhamento com as prioridades do negócio.

Em várias das iniciativas que conduzi, a inclusão da equipe de TI desde o início foi fundamental para garantir que as tecnologias implementadas estivessem em sintonia com a missão da organização. A TI deve trabalhar lado a lado com outras áreas, como operações e marketing, para que a transformação digital atenda às necessidades de cada departamento. Essa integração fortalece a empresa, transformando a tecnologia em um aliado estratégico e garantindo que cada novo recurso digital adicionado à organização contribua para o sucesso dos objetivos de negócios.

Desenvolver um Roadmap Digital que Alinha a Transformação com as Prioridades da Empresa

Um dos grandes problemas das implementações de tecnologia é a falta de um roadmap digital bem definido. Esse roadmap funciona como um plano de ação detalhado, que orienta cada etapa do processo de transformação digital, priorizando iniciativas e garantindo que os recursos tecnológicos sejam aplicados de acordo com as necessidades e prioridades da empresa.

O roadmap digital deve ser flexível para permitir ajustes, mas detalhado o suficiente para evitar desvios e desperdício de recursos. Um bom roadmap envolve um cronograma realista, identifica os responsáveis por cada etapa e define o orçamento necessário para cada fase. Essa estrutura permite que a transformação digital ocorra de forma organizada e dentro das expectativas da empresa, evitando surpresas desagradáveis ou atrasos inesperados.

Ao desenvolver esse roadmap, a liderança deve manter o foco nas prioridades da empresa e em como cada etapa de implementação agrega valor aos objetivos estratégicos. Isso significa priorizar áreas que exigem mais atenção ou que trarão um impacto mais imediato ao negócio. Um roadmap bem construído ajuda a guiar a transformação digital de maneira estratégica, garantindo que o progresso seja constante e alinhado com o que a empresa quer alcançar.

Implementar Indicadores de Sucesso para Monitorar o Progresso da Transformação

Outro ponto crítico para uma transformação digital eficaz é a definição e o acompanhamento de indicadores de sucesso. Esses indicadores, ou KPIs (Key Performance Indicators), ajudam a monitorar o impacto da transformação digital e permitem ajustes no planejamento quando necessário. Sem indicadores claros, fica difícil avaliar se a transformação digital está realmente trazendo os resultados esperados ou se precisa de adaptações para melhor atender aos objetivos da empresa.

Por exemplo, alguns indicadores úteis podem incluir o aumento na eficiência operacional, redução nos custos de processos ou melhoria na experiência do cliente. Esses KPIs precisam ser definidos no início do projeto e revisados regularmente, a fim de garantir que a implementação tecnológica está no caminho certo. Com indicadores bem definidos, a liderança pode acompanhar o retorno sobre investimento (ROI) e demonstrar o valor da transformação digital para toda a organização.

Além disso, os indicadores de sucesso não apenas orientam a execução, mas também reforçam a responsabilidade e o engajamento de toda a equipe. Com métricas visíveis e concretas, os colaboradores entendem a importância da transformação digital e se sentem motivados a alcançar as metas estabelecidas.

A transformação digital só é verdadeiramente eficaz quando guiada por uma estratégia bem definida e direcionada pelos objetivos da empresa. Este capítulo destacou a importância de integrar a tecnologia aos objetivos de negócios, de forma que a TI funcione como um aliado estratégico e não como uma área isolada. A criação de um roadmap digital e o monitoramento constante através de indicadores de sucesso garantem que a transformação ocorra de maneira estruturada e alinhada com as prioridades da organização.

Ao adotar essas práticas, qualquer empresa – seja do setor público ou privado – pode maximizar o valor de suas iniciativas de transformação digital, evitando desperdícios e aumentando o impacto positivo das mudanças implementadas. Essa abordagem estratégica assegura que a tecnologia seja uma extensão dos objetivos de negócio, promovendo crescimento, eficiência e competitividade no cenário digital atual.

Capítulo 3

Liderança Adaptativa em Projetos de TI

Em um ambiente de transformação digital, onde as demandas e tecnologias evoluem rapidamente, uma liderança rígida pode ser o maior obstáculo ao sucesso de um projeto. A rigidez, especialmente em projetos de TI, impede que a equipe se adapte rapidamente a novas informações, desafios e oportunidades, causando atrasos e comprometendo a eficácia das entregas. Neste capítulo, exploraremos o conceito de liderança adaptativa e como ele pode transformar o gerenciamento de projetos de TI, promovendo flexibilidade, velocidade de resposta e maior alinhamento com os objetivos do projeto.

Uma liderança adaptativa é aquela que está aberta a mudanças, pronta para ajustar o curso quando necessário e que incentiva a equipe a fazer o mesmo. No contexto da tecnologia, onde os imprevistos são comuns e as soluções nem sempre funcionam como o planejado, a capacidade de adaptação torna-se essencial. Minha experiência em projetos de TI mostrou que a adoção de uma liderança adaptativa contribui para uma execução mais fluida, motivando a equipe a responder com agilidade e permitindo ajustes rápidos às estratégias estabelecidas.

Desenvolver uma Liderança Adaptativa que Esteja Aberta a Mudanças e Feedbacks

Para liderar projetos de TI de forma eficaz, é fundamental que os líderes estejam abertos a mudanças e feedbacks. Isso significa não se prender a um único plano ou visão rígida do projeto, mas sim estar disposto a considerar ajustes sempre que necessário. Quando a liderança é adaptativa, a equipe se sente mais confortável em apresentar suas ideias e sugestões, contribuindo para um ambiente de inovação e resolução de problemas.

Essa abertura à mudança deve começar no próprio líder. É importante que ele esteja atento às tendências do mercado, às novas ferramentas e metodologias que possam otimizar o trabalho, e, sobretudo, que ele escute ativamente a equipe. Um líder adaptativo busca feedback não apenas para avaliar a eficácia do projeto, mas para ajustar continuamente as estratégias de acordo com as necessidades reais que surgem. Estar aberto a feedback significa reconhecer que todos têm algo a contribuir, e isso fortalece o espírito de colaboração e inovação.

Incorporar Metodologias Ágeis para Maior Flexibilidade na Execução

A adaptação e a flexibilidade são facilitadas pelo uso de metodologias ágeis. O conceito de agilidade em projetos de TI permite que o trabalho seja realizado em ciclos curtos e iterativos, com entregas incrementais que podem ser testadas e ajustadas rapidamente. Metodologias ágeis, como Scrum e Kanban, promovem uma abordagem que aceita mudanças e adaptações de forma contínua, permitindo que a equipe trabalhe com flexibilidade e que os resultados possam ser monitorados e ajustados conforme o projeto avança.

Incorporar uma metodologia ágil em projetos de TI possibilita uma resposta rápida a problemas, sem que seja necessário interromper o andamento do projeto. A flexibilidade proporcionada por essas metodologias permite que a equipe identifique o que funciona e o que não funciona em tempo real, eliminando a necessidade de esperar pelo fim do projeto para corrigir problemas. Essa abordagem promove uma execução mais eficaz e permite à equipe entregar resultados de forma mais consistente e alinhada com as expectativas.

Capacitar a Equipe para a Tomada de Decisões Rápidas e Informadas

Em projetos de TI, decisões precisam ser tomadas rapidamente para que a equipe possa avançar e responder aos desafios sem atrasos. No entanto, para que a equipe se sinta capacitada e segura para tomar essas decisões, é necessário um ambiente de confiança e acesso à informação. Uma liderança adaptativa entende que a equipe deve ter autonomia e o suporte necessário para avaliar situações e fazer escolhas de maneira informada e assertiva.

Para promover essa autonomia, os líderes devem investir em treinamento e no desenvolvimento de habilidades técnicas e comportamentais da equipe. Além disso, é essencial que os colaboradores tenham acesso a dados e informações relevantes do projeto, pois isso permite que eles avaliem os cenários com clareza e façam escolhas fundamentadas. Ao capacitar a equipe para a tomada de decisões, o líder adaptativo reduz gargalos e cria uma dinâmica de trabalho mais ágil e produtiva.

Estabelecer Canais de Comunicação Abertos para Respostas Rápidas a Problemas

A comunicação é a base de uma liderança adaptativa bem-sucedida. Em projetos de TI, onde problemas inesperados podem surgir a qualquer momento, ter canais de comunicação abertos é essencial para garantir que todos estejam alinhados e possam responder rapidamente aos desafios. Esses canais devem permitir que a equipe compartilhe informações sobre o progresso do projeto, identifique problemas assim que surgem e busque soluções em conjunto.

Os canais de comunicação abertos incluem desde o uso de ferramentas digitais, como Slack, Microsoft Teams e outras plataformas colaborativas, até reuniões regulares de alinhamento, como os daily stand-ups nas metodologias ágeis. A liderança adaptativa incentiva que a equipe se sinta à vontade para trazer qualquer preocupação ou ideia à tona, sem medo de julgamentos ou represálias. Com comunicação transparente, os problemas são resolvidos com maior rapidez e o projeto segue adiante de forma mais eficiente.

Uma liderança adaptativa é essencial para o sucesso de projetos de TI, especialmente em um contexto onde a inovação e a flexibilidade são tão valorizadas. Este capítulo demonstrou que líderes adaptativos, ao estarem abertos a mudanças e feedbacks, conseguem criar um ambiente onde a equipe se sente capacitada para tomar decisões rápidas e eficazes. A incorporação de metodologias ágeis, a capacitação da equipe e a manutenção de canais de comunicação abertos contribuem para uma execução mais ágil e eficiente, permitindo ajustes e respostas rápidas às mudanças e desafios.

Adotar uma liderança adaptativa não é apenas uma questão de método, mas sim uma mentalidade. Esse estilo de liderança permite que a organização e sua equipe cresçam juntas, com espaço para inovação, flexibilidade e aprendizado constante. Em projetos de TI, onde o cenário pode mudar rapidamente, a adaptabilidade torna-se não apenas uma vantagem competitiva, mas uma necessidade estratégica para alcançar o sucesso.

Capítulo 4

Automação de Processos e Redução de Custos

A redução de custos é uma prioridade em qualquer organização, mas encontrar maneiras de cortar despesas sem comprometer a eficiência operacional é um desafio contínuo. Nesse cenário, a automação de processos tem se mostrado uma das estratégias mais eficazes para alcançar essa meta, proporcionando economia de recursos e, ao mesmo tempo, mantendo ou até mesmo elevando o nível de produtividade. A automação permite que as tarefas repetitivas e que consomem muito tempo sejam realizadas por sistemas, liberando a equipe para se concentrar em atividades de maior valor estratégico.

A implementação de soluções automatizadas em projetos de TI e operações administrativas não só reduz custos diretos, como o uso de papel e outros materiais, mas também gera uma economia indireta ao diminuir o tempo gasto em tarefas manuais e reduzir a possibilidade de erros humanos. Neste capítulo, discutiremos como identificar processos adequados para automação e como maximizar o retorno sobre o investimento com a introdução de ferramentas estratégicas de automação.

Identificar Processos que Podem Ser Automatizados para Reduzir o Uso de Recursos

O primeiro passo para reduzir custos de forma eficaz é identificar os processos que mais consomem tempo e recursos e que, portanto, são candidatos ideais para automação. Processos administrativos, como a gestão de documentos, entrada de dados e processamento de pagamentos, são bons exemplos de tarefas que podem ser simplificadas com o uso de ferramentas automatizadas. Mapear e entender cada um desses processos ajuda a identificar gargalos e oportunidades de melhoria que podem ser alcançadas com a automação.

A escolha dos processos a serem automatizados deve ser baseada em critérios como o tempo demandado, a frequência de execução e o impacto da tarefa na produtividade geral. Por exemplo, a automação do fluxo de aprovação de documentos pode reduzir significativamente o tempo entre o envio e a aprovação, economizando tempo para toda a equipe. Ao automatizar essas tarefas repetitivas, a organização não apenas economiza recursos, mas também melhora a eficiência, permitindo que os funcionários foquem em atividades de maior valor estratégico.

Implementar Soluções de Baixo Custo, como Ferramentas de Gestão e Automação de Tarefas

Nem toda automação precisa envolver sistemas complexos ou investimentos elevados. Existem diversas ferramentas de baixo custo que podem ser implementadas rapidamente e que oferecem uma excelente relação custo-benefício. Plataformas como o Trello e o Asana, por exemplo, facilitam o gerenciamento de tarefas e projetos, permitindo que as equipes acompanhem o andamento de atividades de maneira organizada e eficiente. Ferramentas de automação de e-mails e documentos, como Zapier ou Microsoft Power Automate, também podem ser incorporadas para automatizar processos simples e rotineiros.

Essas soluções de baixo custo são ideais para organizações que buscam iniciar o processo de automação sem comprometer o orçamento. Elas podem ser personalizadas para se adequar a diferentes tipos de processos e ajudam a empresa a ter um ganho rápido em eficiência. A implementação dessas ferramentas deve ser feita com um planejamento claro para que a automação atenda às necessidades da organização e traga resultados tangíveis, sem se tornar um custo adicional.

Monitorar os Impactos da Automação para Ajustar Processos de Forma Contínua

A automação é um processo dinâmico e, como tal, requer monitoramento contínuo para garantir que esteja entregando os resultados esperados. Após a implementação de uma solução automatizada, é essencial acompanhar seu desempenho e avaliar seu impacto na eficiência e nos custos operacionais. Esse monitoramento permite identificar ajustes necessários e adaptar a automação às mudanças nas necessidades da organização.

Por exemplo, ao automatizar o gerenciamento de documentos, é importante monitorar não apenas o tempo economizado, mas também a precisão e a segurança das informações processadas. Caso surjam problemas, como falhas no fluxo de trabalho ou erros nos registros, ajustes podem ser feitos para otimizar o sistema. Esse acompanhamento contínuo não só garante o sucesso da automação, como também oferece insights para futuras implementações e melhorias.

Usar Dados e Métricas para Justificar e Otimizar Investimentos em Automação

Uma das vantagens da automação é que ela gera dados e métricas valiosos sobre o desempenho dos processos. Esses dados podem ser usados para justificar o investimento em automação e para otimizar continuamente o uso dessas tecnologias. Por exemplo, métricas de tempo de processamento, volume de trabalho e taxa de erros fornecem uma visão clara do impacto da automação e ajudam a identificar áreas em que a empresa pode economizar ainda mais.

Essas métricas também são fundamentais para demonstrar o retorno sobre investimento (ROI) das iniciativas de automação. Quando a liderança observa que a automação está gerando economias significativas e melhorando a eficiência, fica mais fácil justificar o orçamento para novas implementações e convencer as partes interessadas dos benefícios da automação. Usar esses dados para otimizar os processos automatizados é uma prática que garante que a automação continue a atender às necessidades da organização de forma econômica e eficaz.

A automação de processos é uma ferramenta poderosa para reduzir custos e melhorar a eficiência organizacional. No entanto, para que ela traga os melhores resultados, deve ser implementada de forma estratégica, com um planejamento cuidadoso e monitoramento contínuo. Ao identificar os processos que mais consomem recursos, implementar soluções de baixo custo e usar dados para justificar e otimizar o investimento, a organização pode alcançar uma transformação digital que não apenas reduz despesas, mas também agrega valor ao negócio.

Esse capítulo mostrou que a automação de processos não é um objetivo em si, mas uma estratégia para alcançar uma operação mais enxuta e eficiente. Com a adoção de tecnologias adequadas e uma liderança adaptativa, a automação pode transformar o modo como uma organização opera, permitindo que ela alcance altos níveis de eficiência e se torne mais competitiva.

Capítulo 5

Superando a Resistência à Mudança

A implementação de novas tecnologias e metodologias costuma encontrar um obstáculo comum em qualquer organização: a resistência à mudança. As pessoas tendem a se sentir confortáveis com rotinas estabelecidas e com as ferramentas que já dominam, e qualquer alteração nesse cenário pode causar insegurança e receio. No entanto, superar essa resistência é fundamental para o sucesso de qualquer processo de inovação. Para que a equipe aceite e se adapte às novas diretrizes, é essencial criar um ambiente de confiança e comunicação aberta, onde os benefícios das mudanças sejam claros e a equipe se sinta parte integrante do processo.

A resistência à mudança é frequentemente alimentada pela falta de compreensão do propósito das novas ferramentas e metodologias. Se os colaboradores não veem um valor claro na mudança, é provável que fiquem céticos e até desmotivados. Por isso, é essencial que a liderança adote estratégias que promovam uma transição suave e que envolvam a equipe em cada etapa. Quando as pessoas entendem como a mudança beneficiará seu trabalho e os resultados da organização, elas tendem a ser mais receptivas e engajadas.

Comunicar os Benefícios das Mudanças de Forma Clara e Objetiva

Uma comunicação clara e objetiva é o primeiro passo para reduzir a resistência à mudança. As pessoas precisam entender exatamente por que a mudança está sendo feita e quais são os benefícios diretos e indiretos. É importante que os líderes expliquem como a nova tecnologia ou metodologia irá impactar positivamente o trabalho, seja pela redução de tarefas repetitivas, maior eficiência ou pela melhoria da qualidade do serviço. Essa comunicação deve ser transparente e contínua, não apenas no início do processo.

A falta de clareza gera incertezas e, com elas, uma resistência ainda maior. Portanto, é fundamental que os benefícios das mudanças sejam constantemente reforçados e que os líderes estejam abertos a responder dúvidas e ouvir preocupações. Comunicar de forma objetiva também ajuda a criar uma visão compartilhada, onde cada membro da equipe entende o valor da inovação para o crescimento e o sucesso coletivo.

Envolver a Equipe na Escolha das Tecnologias para que se Sintam Parte do Processo

Envolver a equipe nas decisões sobre as novas tecnologias aumenta a sensação de pertencimento e reduz a resistência. Quando os colaboradores são convidados a participar da escolha das ferramentas e metodologias que serão utilizadas, eles se sentem valorizados e ouvidos. Essa abordagem transforma a equipe em parceira da mudança, em vez de simplesmente destinatária de novas imposições.

Uma forma prática de envolver a equipe é realizar testes com diferentes soluções tecnológicas e pedir feedback sobre elas. Ao participar da seleção das ferramentas, os colaboradores conseguem visualizar melhor como essas mudanças serão aplicadas ao trabalho diário e, com isso, a aceitação cresce naturalmente. Além disso, o envolvimento direto cria um senso de responsabilidade, pois a equipe sente que contribuiu para a escolha e, portanto, tem mais compromisso com a implementação bem-sucedida.

Promover Treinamentos Práticos para Capacitar a Equipe no Uso de Novas Ferramentas

A falta de familiaridade com uma nova tecnologia é um dos fatores que mais causa resistência. Para facilitar a transição e aumentar a confiança da equipe, é essencial oferecer treinamentos práticos e bem estruturados. Esses treinamentos devem ser específicos para as ferramentas que serão utilizadas, com foco em casos práticos e situações reais do cotidiano de trabalho.

Os treinamentos devem ser interativos e fornecer um espaço seguro para que os colaboradores possam fazer perguntas e tirar suas dúvidas. Quanto mais capacitada a equipe se sentir, menor será o receio em relação à mudança, e maior será a disposição para explorar o potencial das novas tecnologias. A capacitação também reforça a mensagem de que a organização valoriza o desenvolvimento dos colaboradores e que está disposta a investir em sua preparação.

Criar um Plano de Transição Gradual para Facilitar a Adaptação

Uma mudança brusca pode ser desgastante e causar uma reação negativa entre os membros da equipe. Por isso, um plano de transição gradual é a melhor abordagem para facilitar a adaptação. Implementar novas tecnologias ou metodologias de forma progressiva permite que a equipe tenha tempo de se acostumar aos novos processos, reduzindo o impacto inicial e permitindo que a aceitação ocorra de forma mais natural.

Esse plano gradual deve incluir uma fase de testes e ajustes, onde as novas ferramentas são introduzidas em um ritmo que respeite o tempo de adaptação da equipe. Além disso, é importante estabelecer pontos de verificação ao longo do processo, para identificar dificuldades e fazer correções conforme necessário. Ao final, essa transição gradual permite que a inovação seja incorporada sem gerar rupturas na dinâmica de trabalho, facilitando o progresso em direção a uma cultura mais aberta à mudança.

A resistência à mudança é um desafio real, mas pode ser superado com uma abordagem estratégica focada em comunicação clara, envolvimento da equipe, capacitação prática e uma transição gradual. Essas práticas garantem que a equipe compreenda e valorize a inovação, sentindo-se parte do processo de transformação. Com uma liderança que estimula a participação e oferece o suporte necessário, é possível criar um ambiente onde a mudança é vista como uma oportunidade de crescimento e não como uma ameaça.

Ao vencer a resistência, a organização se torna mais ágil e preparada para enfrentar os desafios e inovações que surgirem. Uma equipe alinhada com os objetivos e valores da empresa, e que compreende o valor da inovação, está apta a contribuir para o sucesso e a prosperidade da organização.

Capítulo 6

O Papel da Tecnologia na Otimização de Vendas

Projetos de tecnologia, por sua natureza dinâmica e inovadora, trazem consigo uma série de riscos que podem comprometer tanto o andamento quanto os resultados. A complexidade dos sistemas de TI, a velocidade com que as tecnologias evoluem e a necessidade de integração com processos já estabelecidos tornam o gerenciamento de riscos uma tarefa fundamental para o sucesso desses projetos. Ignorar os riscos ou subestimá-los pode levar a atrasos, sobrecarga de orçamento e, em alguns casos, até ao fracasso total do projeto.

Lidar com esses riscos de forma proativa é a chave para prevenir problemas e garantir que a execução do projeto ocorra dentro do planejado. Um bom gerenciamento de riscos envolve não apenas a identificação e análise de potenciais ameaças, mas também a criação de estratégias para mitigá-las, adaptando-se rapidamente às mudanças. Neste capítulo, exploraremos práticas que ajudam a minimizar os impactos dos riscos em projetos de TI, promovendo uma abordagem estruturada e adaptável.

Mapear Riscos Potenciais Durante a Fase de Planejamento do Projeto

O gerenciamento de riscos começa na fase de planejamento do projeto, onde devem ser identificados e mapeados os riscos potenciais. Essa identificação inicial permite que a equipe antecipe problemas e desenvolva estratégias específicas para cada risco. O mapeamento pode incluir questões técnicas, como falhas de integração de sistemas, riscos financeiros, como variações no orçamento, e até riscos externos, como mudanças no mercado ou regulamentações que possam impactar o projeto.

Esse processo de mapeamento deve ser detalhado, abordando diferentes categorias de riscos e considerando todos os aspectos do projeto. A participação de membros da equipe com experiência em áreas específicas é essencial, pois eles podem identificar riscos que talvez não sejam óbvios para outros. A criação de uma matriz de risco, que classifica cada risco por probabilidade e impacto, permite priorizar aqueles que representam as maiores ameaças e que precisam de uma atenção especial ao longo do projeto.

Desenvolver Planos de Contingência para Cada Risco Identificado

Uma vez que os riscos foram mapeados, o próximo passo é desenvolver planos de contingência para cada um deles. Esses planos consistem em estratégias de resposta que devem ser acionadas caso o risco se materialize. Para riscos de alto impacto, é importante ter um plano de ação robusto que minimize os danos e permita uma rápida recuperação. Por exemplo, em um projeto que depende de fornecedores externos, um plano de contingência pode incluir a identificação de fornecedores alternativos para evitar interrupções no caso de falhas na entrega.

Os planos de contingência devem ser documentados e facilmente acessíveis a todos os membros da equipe, garantindo que todos saibam como reagir em situações de emergência. Além disso, é recomendável que os planos sejam revisados periodicamente, pois novas informações e mudanças no ambiente do projeto podem requerer adaptações. Uma resposta bem planejada e coordenada a um risco que se concretizou pode salvar o projeto de atrasos significativos e de custos adicionais.

Monitorar Riscos Continuamente ao Longo do Projeto

O monitoramento contínuo é uma prática essencial para a gestão de riscos em projetos tecnológicos. Mesmo os riscos que foram previamente mapeados e planejados podem mudar ao longo do tempo. O monitoramento permite acompanhar o comportamento dos riscos identificados, identificar novos riscos que possam surgir e ajustar os planos de resposta conforme necessário. Essa prática garante que a equipe esteja sempre preparada para agir rapidamente, evitando que problemas menores se transformem em obstáculos maiores.

O uso de ferramentas de gerenciamento de riscos, como softwares que acompanham e registram o status dos riscos, facilita o monitoramento e permite uma análise em tempo real. Esses sistemas oferecem alertas e relatórios automáticos, ajudando a equipe a reagir de forma proativa. Reuniões regulares para revisão dos riscos também são recomendadas, pois permitem uma visão compartilhada e atualizada entre todos os envolvidos, garantindo que cada membro da equipe esteja ciente dos riscos e das medidas preventivas em vigor.

Adaptar o Plano de Ação de Acordo com os Cenários e Feedbacks da Equipe

Projetos de TI são dinâmicos e, por isso, o plano de ação precisa ser adaptável, pronto para evoluir conforme novos cenários e feedbacks da equipe. A flexibilidade é um componente vital do gerenciamento de riscos, pois permite que o projeto responda rapidamente a mudanças e novos desafios. À medida que o projeto avança, os feedbacks da equipe são fundamentais para ajustar os planos de ação, pois eles trazem uma perspectiva prática dos riscos e possíveis soluções.

Por exemplo, em um projeto onde a equipe percebe que uma determinada fase está apresentando dificuldades não previstas, é importante que o líder esteja aberto a revisar o plano e a tomar medidas corretivas. A adaptação deve ser contínua e baseada em informações precisas, e a liderança precisa incentivar os membros a relatar qualquer problema ou oportunidade de melhoria que identifiquem. Esse ciclo de feedback e adaptação permite que o projeto se mantenha no caminho certo, mesmo diante de adversidades.

O gerenciamento de riscos é um pilar fundamental para o sucesso de qualquer projeto de TI. Ao mapear riscos potenciais, desenvolver planos de contingência, monitorar os riscos ao longo do projeto e adaptar os planos de ação de forma contínua, é possível minimizar os impactos das ameaças e garantir uma execução mais fluida e controlada. A gestão de riscos permite que a equipe antecipe problemas e crie soluções proativas, garantindo que o projeto continue avançando em direção aos objetivos estabelecidos.

Projetos de tecnologia, devido à sua natureza inovadora, exigem uma abordagem cuidadosa e adaptável para que os riscos sejam não apenas mitigados, mas transformados em oportunidades de aprendizado e crescimento.

Capítulo 7

Metodologias Ágeis como Ferramenta de Execução

Muitos projetos falham devido à rigidez dos processos de gestão tradicionais, que frequentemente não conseguem acompanhar a velocidade das mudanças tecnológicas e de mercado. No cenário de TI, onde os requisitos e objetivos podem evoluir rapidamente, métodos de gestão tradicionais, com suas estruturas fixas e lineares, limitam a capacidade da equipe de responder prontamente aos desafios e novas demandas. As metodologias ágeis surgem como uma solução eficaz para enfrentar essas limitações, promovendo uma abordagem mais flexível e adaptável à execução de projetos.

As metodologias ágeis, como Scrum e Kanban, revolucionaram o modo como projetos são conduzidos, permitindo que as equipes trabalhem em ciclos curtos e iterativos, chamados de sprints, que facilitam a identificação e correção de problemas em tempo real. Em vez de seguir uma sequência rígida de tarefas, as equipes ágeis ajustam o trabalho continuamente, aprimorando o produto a cada ciclo e entregando valor incremental ao longo do projeto. Essa abordagem torna-se especialmente vantajosa em ambientes dinâmicos e de alta complexidade, onde a capacidade de adaptação é essencial para o sucesso.

Introduzir Metodologias Ágeis para Aumentar a Flexibilidade e Velocidade dos Projetos

As metodologias ágeis promovem flexibilidade e rapidez na execução de projetos, permitindo que as equipes respondam rapidamente a mudanças. Ao contrário dos métodos tradicionais, onde cada etapa deve ser completada antes que o projeto avance, as metodologias ágeis permitem que o trabalho seja dividido em etapas menores, o que aumenta a velocidade e facilita a adaptação. Essa abordagem é ideal para projetos que exigem revisões constantes e para setores onde as demandas e necessidades mudam rapidamente.

Introduzir metodologias ágeis envolve mais do que simplesmente adotar uma nova técnica de trabalho. A organização precisa desenvolver uma cultura que valorize a experimentação, o aprendizado contínuo e a colaboração entre as equipes. Essa mentalidade permite que a equipe de TI se adapte com mais facilidade às mudanças, respondendo de forma ágil às demandas e entregando resultados mais rapidamente.

Dividir o Projeto em Ciclos Menores (Sprints) para Monitorar Progresso e Realizar Ajustes

Uma das práticas centrais das metodologias ágeis é a divisão do projeto em sprints ou ciclos menores, que geralmente duram de duas a quatro semanas. Cada sprint é planejado para produzir uma entrega específica e tangível, que pode ser avaliada e testada. Ao final de cada ciclo, o progresso é revisado e ajustes são feitos conforme necessário. Essa divisão facilita o acompanhamento do progresso do projeto e permite que a equipe responda rapidamente a quaisquer problemas que surjam.

A vantagem dos sprints é que eles possibilitam a correção de curso ao longo do projeto, em vez de esperar até o final para identificar e corrigir problemas. Esse monitoramento contínuo aumenta a eficiência, reduz o retrabalho e garante que o projeto esteja sempre alinhado com os objetivos e expectativas da organização. Essa prática também facilita a comunicação com os stakeholders, que podem acompanhar o desenvolvimento do projeto em intervalos regulares e oferecer feedback contínuo.

Capacitar a Equipe para Atuar em Equipes Multidisciplinares e Adaptativas

A agilidade nos projetos não depende apenas de metodologias; ela exige uma equipe capacitada para atuar em ambientes multidisciplinares e pronta para adaptar-se às necessidades do projeto. Em uma equipe ágil, cada membro deve ter as habilidades necessárias para colaborar com diferentes áreas e trabalhar em um ambiente dinâmico e colaborativo. Isso significa que a equipe deve ser treinada para entender não apenas seu papel específico, mas também como ele se conecta com o trabalho dos outros.

Investir no desenvolvimento das competências da equipe, promovendo habilidades de comunicação e resolução de problemas, cria uma equipe adaptativa, capaz de enfrentar desafios de forma colaborativa e eficiente. O trabalho em equipes multidisciplinares promove a troca de conhecimentos e a solução criativa de problemas, fatores que são essenciais para o sucesso de projetos de TI. Esse tipo de equipe é mais preparado para lidar com os desafios e exigências da metodologia ágil, garantindo que a flexibilidade e a adaptabilidade se estendam a todas as etapas do projeto.

Estabelecer Revisões Regulares para Avaliar e Ajustar a Execução

As metodologias ágeis incluem a prática de revisões e reflexões regulares, conhecidas como retrospectivas e reuniões de revisão de sprint. Essas reuniões oferecem um momento de análise, onde a equipe pode avaliar o que funcionou bem e o que precisa ser aprimorado. A prática de realizar revisões regulares permite que a equipe faça ajustes pontuais e rápidos no projeto, de acordo com os desafios e necessidades que surgirem.

As revisões regulares também promovem um ciclo de aprendizado contínuo, onde os erros podem ser corrigidos rapidamente e as práticas eficazes são mantidas e aprimoradas. Essa abordagem contribui para um ambiente de trabalho proativo, onde a equipe aprende com cada etapa do projeto e aplica esse aprendizado nas próximas. Além disso, essas revisões ajudam a fortalecer a comunicação e a colaboração, permitindo que cada membro da equipe contribua para o sucesso do projeto de forma ativa.

As metodologias ágeis são ideais para projetos de TI que exigem flexibilidade, adaptação contínua e uma entrega incremental de valor. Ao adotar práticas como sprints, capacitação de equipes multidisciplinares e revisões regulares, é possível criar um ambiente onde o progresso é monitorado de perto e as respostas a problemas são rápidas e eficazes. A agilidade na execução proporciona um maior controle sobre o andamento do projeto e permite que a organização aproveite ao máximo o potencial de cada etapa.

A flexibilidade proporcionada pelas metodologias ágeis permite que a equipe se ajuste rapidamente às mudanças e entregue resultados que realmente agreguem valor. Em um mundo onde a inovação é constante, a capacidade de adaptação e a execução ágil tornam-se diferenciais essenciais para o sucesso de projetos tecnológicos e para a capacidade de resposta da organização diante das demandas do mercado.

Capítulo 8

Monitoramento e Avaliação de Projetos

Sebastião Oliveria da Silva Júnior

O monitoramento e a avaliação contínua são essenciais para o sucesso de qualquer projeto, especialmente em projetos de TI, onde as condições podem mudar rapidamente. A ausência de um sistema de avaliação eficaz dificulta a medição do progresso, tornando-se um desafio identificar se o projeto está no caminho certo ou se precisa de ajustes. O monitoramento em tempo real permite que a equipe acompanhe o progresso e faça correções de rota conforme necessário, aumentando as chances de o projeto ser concluído dentro do prazo e do orçamento estabelecido.

Para alcançar esses resultados, é necessário implementar práticas de monitoramento estruturadas que forneçam dados concretos sobre o desempenho do projeto. Essa abordagem permite uma visão clara e objetiva do que está funcionando e do que precisa ser aprimorado, garantindo que todos os esforços estejam sempre alinhados com os objetivos do projeto.

Definir Indicadores de Desempenho (KPIs) Claros para Cada Fase do Projeto

Os indicadores de desempenho (KPIs) são fundamentais para medir o sucesso do projeto em cada uma de suas fases. Esses indicadores ajudam a avaliar o progresso de maneira quantitativa e objetiva, facilitando a identificação de pontos fortes e áreas que exigem melhorias. Definir KPIs específicos para cada fase do projeto é crucial para entender o desempenho de maneira granular e garantir que as metas sejam alcançadas.

Os KPIs devem estar diretamente ligados aos objetivos do projeto e refletir resultados tangíveis. Por exemplo, para um projeto de desenvolvimento de software, KPIs como o tempo de resposta do sistema, taxa de bugs identificados e corrigidos e tempo médio de implementação de novas funcionalidades são relevantes para medir a eficácia do processo. Esses indicadores orientam a equipe ao longo do projeto e oferecem uma base concreta para avaliar o sucesso de cada etapa.

Implementar Ferramentas de Monitoramento em Tempo Real para Medir o Progresso

Ferramentas de monitoramento em tempo real são essenciais para que a equipe de TI acompanhe o progresso do projeto em todas as suas fases. Essas ferramentas, como Jira, Trello ou Microsoft Power BI, oferecem uma visão completa e atualizada do andamento das tarefas, facilitando a gestão do projeto e permitindo a identificação de gargalos de maneira rápida e eficiente.

O monitoramento em tempo real proporciona uma visão transparente do status do projeto, e essa visibilidade é importante para que a liderança e a equipe tomem decisões informadas. Quando surgem desvios, as ferramentas de monitoramento permitem que esses problemas sejam detectados imediatamente, evitando que pequenas questões se transformem em grandes obstáculos. Além disso, elas facilitam a comunicação entre os membros da equipe, permitindo uma colaboração mais integrada e eficiente.

Realizar Avaliações Periódicas para Identificar o que Está Funcionando e o que Precisa Ser Ajustado

As avaliações periódicas são uma prática fundamental para garantir que o projeto está progredindo conforme o planejado. Essas revisões regulares permitem que a equipe analise o desempenho de cada fase, identificando tanto os pontos fortes quanto as áreas que necessitam de ajustes. As avaliações são uma oportunidade para corrigir o rumo do projeto antes que problemas se agravem, mantendo a execução alinhada com os objetivos e prazos estabelecidos.

Essas avaliações podem ser realizadas semanalmente ou mensalmente, dependendo da complexidade e do tempo de duração do projeto. Elas devem incluir todos os membros da equipe, além de stakeholders relevantes, para que cada aspecto do projeto seja discutido. A troca de feedbacks durante essas avaliações permite que a equipe ajuste suas estratégias e adapte os processos conforme necessário, promovendo uma execução mais eficiente e precisa.

Fornecer Feedback Constante para a Equipe sobre o Desempenho do Projeto

O feedback constante é uma prática essencial para manter a equipe engajada e ciente do impacto de seu trabalho. Quando os membros da equipe recebem feedbacks claros e frequentes, eles conseguem ajustar suas ações de forma a atender melhor aos objetivos do projeto. Além disso, o feedback ajuda a motivar a equipe, pois cada membro compreende a importância de sua contribuição para o sucesso do projeto.

Esse feedback deve ser construtivo e específico, destacando não apenas os pontos que precisam de melhoria, mas também reconhecendo os sucessos alcançados. O reconhecimento de bons resultados aumenta a motivação da equipe e cria um ambiente positivo e colaborativo, onde todos se sentem valorizados e comprometidos com o projeto. O feedback constante também permite que os líderes reforcem as expectativas e garantam que todos estejam alinhados com os objetivos.

O monitoramento contínuo e a avaliação de desempenho são pilares para o sucesso de projetos de TI. Definir KPIs claros, utilizar ferramentas de monitoramento em tempo real, realizar avaliações periódicas e fornecer feedback constante são práticas que asseguram o alinhamento do projeto com os objetivos estabelecidos. A capacidade de corrigir o rumo ao longo da execução permite que o projeto se mantenha no caminho certo, evitando desperdícios de recursos e garantindo a entrega de resultados de alta qualidade.

Quando o monitoramento é realizado de forma estruturada e o feedback é constante, a equipe consegue visualizar o progresso e realizar as adaptações necessárias. Essa abordagem fortalece o controle sobre o projeto, promovendo uma execução eficaz e um ambiente de trabalho colaborativo, onde o sucesso é alcançado passo a passo e todos têm clareza sobre seu papel e impacto no resultado final.

Capítulo 9

A Influência da Comunicação na Execução de Projetos

A comunicação é o alicerce de qualquer projeto bem-sucedido. Em um ambiente de trabalho onde as tarefas são interdependentes e a colaboração entre equipes é essencial, falhas de comunicação podem comprometer seriamente a execução de tarefas e os resultados finais. A ausência de canais claros ou a falta de alinhamento entre os membros da equipe geram mal-entendidos, que, por sua vez, levam a retrabalho, perda de tempo e até à frustração entre os envolvidos.

Em projetos de TI, onde cada fase depende de uma comunicação precisa e eficiente, a clareza e a transparência na troca de informações são fundamentais. Desde o alinhamento das expectativas até o compartilhamento de atualizações, garantir que todos os participantes do projeto estejam cientes do status e dos objetivos de cada etapa é um desafio que exige estratégias específicas. Neste capítulo, abordaremos como estabelecer uma comunicação eficaz, aberta e constante para assegurar que o projeto progrida sem interrupções e que as metas sejam atingidas com a máxima eficiência.

Estabelecer Canais de Comunicação Claros e Centralizados

Para evitar a dispersão de informações e garantir que todos os envolvidos no projeto tenham acesso aos dados relevantes, é essencial estabelecer canais de comunicação centralizados. A centralização facilita o acesso rápido a informações importantes e reduz as chances de falhas na transmissão de mensagens. Em vez de múltiplas ferramentas de comunicação que podem confundir a equipe, um canal unificado garante que as informações fluam de forma organizada e acessível para todos.

Plataformas como Slack, Microsoft Teams e Trello são ferramentas que centralizam a comunicação e permitem que todos acompanhem o progresso do projeto. Ao definir esses canais desde o início, a liderança estabelece uma base para a troca de informações e promove um ambiente de trabalho onde cada membro da equipe sabe onde buscar atualizações e como comunicar seus próprios avanços ou dificuldades. Essa prática reduz significativamente o ruído e os mal-entendidos, facilitando uma execução mais fluida e colaborativa.

Promover a Comunicação Aberta entre Equipe e Liderança

Uma comunicação eficaz não depende apenas da frequência das interações, mas da abertura no diálogo entre a equipe e a liderança. Para que os membros da equipe se sintam confortáveis em compartilhar suas preocupações, dúvidas e sugestões, a liderança precisa promover uma comunicação bidirecional, onde as opiniões de todos sejam respeitadas e valorizadas. A abertura no diálogo contribui para um ambiente de trabalho mais colaborativo e permite que os problemas sejam identificados e resolvidos rapidamente.

Quando a equipe sabe que pode se comunicar abertamente com seus líderes, há um aumento no engajamento e na confiança, e as chances de que problemas pequenos evoluam para desafios maiores são reduzidas. A liderança deve se esforçar para criar um ambiente em que a equipe possa discutir livremente qualquer questão relacionada ao projeto, promovendo um clima de transparência e confiança. Esse tipo de comunicação é essencial para que o projeto avance com segurança e para que a equipe se sinta apoiada e motivada.

Realizar Reuniões de Alinhamento Frequentes para Assegurar que Todos Estejam na Mesma Página

Reuniões de alinhamento regulares são fundamentais para garantir que todos os membros da equipe estejam cientes do progresso do projeto e das metas a serem atingidas. Essas reuniões permitem que os líderes compartilhem atualizações, abordem obstáculos e assegurem que cada integrante da equipe tenha clareza sobre seu papel e responsabilidades. As reuniões de alinhamento também são uma oportunidade para revisar o andamento do projeto e fazer ajustes, se necessário.

Uma prática eficaz é a realização de reuniões de atualização rápidas ou "daily stand-ups", onde cada membro compartilha o que está trabalhando, os avanços que fez e os desafios que enfrenta. Essa rotina ajuda a equipe a manter uma visão geral do progresso do projeto e a antecipar possíveis problemas, além de fortalecer a comunicação entre os membros. As reuniões de alinhamento frequentes mantêm todos na mesma página, minimizam mal-entendidos e garantem que o projeto esteja sempre avançando conforme o planejado.

Utilizar Ferramentas de Comunicação Eficazes para Facilitar o Compartilhamento de Informações

Ferramentas de comunicação eficazes são um recurso essencial para o sucesso da execução de um projeto, especialmente em equipes que trabalham remotamente ou de maneira híbrida. Ferramentas como Google Workspace, Asana e Basecamp oferecem funcionalidades para comunicação, armazenamento de documentos e acompanhamento de tarefas, facilitando o compartilhamento de informações e permitindo que a equipe acompanhe o progresso do projeto em tempo real.

Essas ferramentas possibilitam que a equipe armazene e compartilhe documentos importantes, organize reuniões virtuais e rastreie o andamento das tarefas, assegurando que todos tenham acesso às informações de maneira prática e rápida. Ao utilizar ferramentas que centralizam a comunicação e o gerenciamento de tarefas, a equipe pode trabalhar de maneira integrada e eficiente, eliminando a necessidade de múltiplas trocas de e-mails e reduzindo o risco de informações importantes serem esquecidas ou ignoradas.

A comunicação é a base para uma execução de projetos bem-sucedida. Estabelecer canais de comunicação claros, promover o diálogo aberto entre equipe e liderança, realizar reuniões de alinhamento frequentes e utilizar ferramentas eficazes para o compartilhamento de informações são práticas que minimizam mal-entendidos e promovem a colaboração. Quando a comunicação é contínua e transparente, a equipe consegue trabalhar de forma coordenada e eficiente, enfrentando desafios com mais facilidade e alcançando os objetivos do projeto.

Com uma comunicação bem estruturada e alinhada aos objetivos, o ambiente de trabalho torna-se mais produtivo e integrado, facilitando o avanço do projeto e garantindo que cada membro da equipe esteja ciente de seu papel e contribuição.

Capítulo 10

Criando uma Cultura de Inovação e Excelência

Sebastião Oliveria da Silva Júnior

A inovação e a busca pela excelência são dois pilares que sustentam o sucesso e a longevidade de uma organização. No entanto, incorporar esses valores à cultura organizacional e mantê-los vivos não é uma tarefa fácil. Muitas vezes, a inovação e o aprimoramento contínuo são vistos como metas de curto prazo, associados apenas a projetos específicos ou ao lançamento de novos produtos. Mas, para alcançar resultados duradouros, é necessário transformar a inovação e a excelência em parte integrante da mentalidade da equipe e do modo de operação da empresa.

Criar uma cultura de inovação e excelência não significa simplesmente implementar novas tecnologias ou desenvolver processos mais eficientes; trata-se de cultivar uma mentalidade aberta ao aprendizado, à experimentação e ao aprimoramento contínuo. Esse capítulo aborda estratégias para construir e manter uma cultura organizacional que valorize e incentive a inovação, assegurando que todos os colaboradores compreendam e adotem esses princípios em suas rotinas de trabalho.

Incentivar a Experimentação e o Aprendizado Contínuo na Equipe

A inovação só acontece quando existe um ambiente seguro para experimentar novas ideias e aprender com os erros. Para criar uma cultura de inovação, é essencial incentivar a experimentação e o aprendizado contínuo na equipe. Isso significa permitir que os colaboradores explorem novas abordagens e incentivá-los a desenvolver suas habilidades e conhecimentos. O aprendizado contínuo mantém a equipe atualizada e aberta a novas ideias, fortalecendo a capacidade de inovação da organização.

Esse incentivo pode ser promovido de várias maneiras, como disponibilizar treinamentos, workshops, e conferências, além de apoiar a troca de conhecimentos entre os membros da equipe. Quando a empresa valoriza o aprendizado, os colaboradores se sentem motivados a aprimorar suas habilidades e a propor soluções inovadoras, pois sabem que o crescimento pessoal e profissional é uma prioridade. Esse tipo de incentivo é um passo essencial para criar uma equipe resiliente e preparada para enfrentar os desafios e mudanças do mercado.

Estabelecer uma Cultura de Feedback Construtivo para Aprimoramento Contínuo

Uma cultura de inovação e excelência não é possível sem um ambiente que valorize o feedback construtivo. Esse tipo de feedback é uma ferramenta poderosa para o desenvolvimento individual e coletivo, pois ajuda a identificar pontos de melhoria e reforça os comportamentos e práticas que geram bons resultados. Em uma organização que promove o feedback contínuo, os colaboradores se sentem à vontade para compartilhar suas ideias e apontar áreas que podem ser aprimoradas.

O feedback construtivo deve ser visto como uma oportunidade de crescimento, não como uma crítica. Para isso, os líderes precisam criar um ambiente onde o feedback é oferecido com respeito e com o intuito de aprimorar o desempenho, não de julgar. Essa prática aumenta a confiança entre os membros da equipe e cria uma cultura de aprimoramento contínuo, essencial para a busca pela excelência.

Reconhecer e Recompensar a Inovação para Motivar os Colaboradores

O reconhecimento é uma das maneiras mais eficazes de incentivar a inovação. Quando a inovação é valorizada e recompensada, os colaboradores se sentem mais motivados a propor ideias novas e a explorar soluções criativas. Reconhecer os esforços de inovação pode envolver prêmios, bonificações ou até oportunidades de desenvolvimento profissional, como cursos e treinamentos.

Além das recompensas materiais, é importante que a organização reconheça publicamente as contribuições inovadoras, pois isso fortalece a autoestima e o engajamento dos colaboradores. A valorização das iniciativas de inovação reforça a mensagem de que a empresa está comprometida com a criação de um ambiente onde a criatividade é incentivada e onde cada ideia conta. Essa prática cria uma cultura organizacional voltada para a inovação, onde todos se sentem inspirados a dar o melhor de si.

Definir Metas de Excelência que Sejam Ambiciosas, mas Alcançáveis

Para que a busca pela excelência seja contínua, é essencial definir metas ambiciosas, mas alcançáveis. Metas de excelência ajudam a equipe a direcionar seus esforços e a medir seu progresso, promovendo um sentimento de realização quando os objetivos são atingidos. As metas ambiciosas desafiam a equipe a superar seus próprios limites, mas é importante que elas sejam realistas, para evitar frustrações e desmotivação.

Ao definir essas metas, a liderança deve comunicar de maneira clara os critérios que caracterizam a excelência para a organização e como cada colaborador pode contribuir para alcançá-la. As metas de excelência incentivam a equipe a buscar constantemente a melhoria, e quando são celebradas as conquistas, a cultura de excelência se fortalece. Além disso, essa prática permite que a organização mantenha um alto padrão de qualidade em todos os seus processos e produtos.

Criar e manter uma cultura de inovação e excelência é essencial para a sustentabilidade e o crescimento de uma organização. Quando a experimentação, o aprendizado contínuo, o feedback construtivo, o reconhecimento e a definição de metas ambiciosas são incorporados ao dia a dia da equipe, o ambiente de trabalho se torna mais produtivo, motivador e preparado para os desafios do futuro. Essa cultura transforma a inovação e a excelência em valores intrínsecos, promovendo uma organização que não apenas se adapta às mudanças, mas que também lidera e define novos padrões no mercado.

Uma cultura organizacional voltada para a inovação e a excelência fortalece a empresa, permitindo que ela alcance resultados significativos e duradouros. Ao adotar esses princípios como base para a gestão de projetos e para o desenvolvimento de sua equipe, a organização se posiciona como uma referência de qualidade e inovação, pronta para enfrentar qualquer desafio e alcançar o sucesso em longo prazo.

Conclusão

A era digital trouxe uma transformação sem precedentes na forma como projetos são planejados, gerenciados e executados. Tecnologias emergentes, metodologias ágeis e a liderança adaptativa revolucionaram o campo da gestão de projetos, tornando-o mais dinâmico, flexível e orientado a resultados. Este livro buscou explorar cada uma dessas áreas, oferecendo aos leitores estratégias práticas e orientações para enfrentar os desafios da execução de projetos em um cenário em constante evolução.

Ao longo dos capítulos, discutimos como a tecnologia e a liderança podem moldar o sucesso de um projeto. Abordamos a importância da inovação, da comunicação eficaz e da cultura organizacional voltada para a excelência, destacando como esses fatores se interconectam para criar um ambiente de trabalho que valoriza a adaptabilidade e a melhoria contínua. Essas práticas e abordagens, embora projetadas para o cenário atual, são aplicáveis a contextos variados, permitindo que profissionais de diferentes setores e níveis hierárquicos apliquem os conhecimentos adquiridos.

No futuro, a execução de projetos será cada vez mais marcada pela necessidade de adaptação rápida e pela integração de novas tecnologias. O avanço da inteligência artificial, do aprendizado de máquina e de ferramentas de automação continuará a abrir portas para otimizações antes inimagináveis. Porém, com essa tecnologia, surge também o desafio de gerenciar riscos, de manter a comunicação clara e de preservar a coesão entre os membros da equipe. Nesse contexto, a liderança humana – flexível, empática e centrada no desenvolvimento das pessoas – será o diferencial competitivo.

Para os líderes que desejam manter suas organizações preparadas para os desafios da inovação contínua, é fundamental cultivar uma mentalidade de aprendizado e adaptação. Isso significa estar aberto a novas ideias, valorizar o feedback da equipe e promover um ambiente onde a experimentação é incentivada. O futuro pertence às organizações que conseguem equilibrar o uso da tecnologia com uma abordagem humanizada, onde o desenvolvimento de cada membro da equipe é visto como essencial para o crescimento sustentável.

A conclusão que deixo para você, leitor, é a seguinte: os princípios e técnicas apresentados aqui são apenas o ponto de partida. A verdadeira transformação acontece quando aplicamos esses aprendizados ao nosso contexto, adaptando-os para atender às necessidades específicas de nossas equipes e organizações. A execução de projetos bem-sucedidos na era digital exige mais do que habilidades técnicas; requer uma visão clara, uma liderança forte e uma cultura que valorize tanto a inovação quanto a excelência.

Desejo que este livro sirva como uma fonte de inspiração e um guia prático para aprimorar suas práticas de gestão de projetos, ajudando você a construir uma trajetória de sucesso e a deixar um impacto positivo e duradouro em seu campo de atuação. O futuro da execução de projetos é digital, colaborativo e repleto de possibilidades. Que você possa aproveitá-lo ao máximo, criando mudanças significativas e sustentáveis no mundo ao seu redor.

www.ingramcontent.com/pod-product-compliance
Lightning Source LLC
Chambersburg PA
CBHW052326220526
45472CB00001B/289